Os Astros e Você...

Capricórnio

editora EKO

Rua das Missões, 696
89051-000 - Blumenau - SC

Editoração Eletrônica
Big Print Comunicação Visual

Compilação e Texto
Selma Rutzen / Dinaê S. Gelhardt

Revisão
Helena Cristina Lübke

IMPRESSO NA CHINA

Dados Internacionais de Catalogação na Publicação (CIP)
(Câmara Brasileira do Livro, SP, Brasil)

Capricórnio / [compilação e texto Selma Rutzen e Dinaê S. Gelhardt] . -- Blumenau, SC : Editora Eko, 2009. -- (Os Astros e Você)

ISBN 978-85-7324-625-4

1. Astrologia 2. Horóscopos I. Rutzen, Selma. II. Gelhardt, Dinaê S. III. Série.

08-12384 CDD-133.54

Índices para catálogo sistemático:

1. Horóscopos : Astrologia 133.54

Índice

Capricórnio, décimo signo do zodíaco,
simboliza a autoridade e a maturidade.

Os capricornianos são ativos,
trabalhadores dedicados
e adoram assumir responsabilidades.
São persistentes e assíduos,
além de se destacarem por sua liderança
e vontade de abrir caminho.
Os nativos de Capricórnio são poupadores,
disciplinados e valorizam muito a tradição.

Pessimismo é típico dos capricornianos.
Sua mania de poupar pode virar
um comportamento sovina.
Seu conceito sobre ordem
muitas vezes pode ser exagerado.
A autoridade que emana pode torná-lo
rígido em demasia.
Se o seu trabalho não for bem-sucedido,
o capricorniano pode tornar-se frustrado
e amargo no trato.

Capricórnio

(22 de dezembro a 20 de Janeiro)

SIMBOLOGIA

Regente planetário

Saturno é o regente do signo de Capricórnio.

O planeta é o responsável pela perspicácia de Capricórnio com relação à aquisição de bens materiais e ascensão social, entenda-se riqueza.

Além disso, ele proporciona persistência e sabedoria aos capricornianos.

Símbolo do signo

Capricórnio com um rabo de peixe – assim é o símbolo de Capricórnio na era do computador:

♑

Elemento regente

A Terra – que fornece qualidades intelectuais.

Capricórnio possui a habilidade de criar coisas grandiosas. Mas também se inclina para a teimosia e a ambição.

Capricórnio no firmamento

É nos meses de outono que a constelação de Capricórnio fica mais visível no céu. De todo modo, porém, Capricórnio não chama muito a atenção do observador. Exceção é sua estrela principal Al Giedi, a qual é possível reconhecer até sem binóculo. Na verdade são duas estrelas que ficam lado a lado. A maior delas encontra-se a 115 anos-luz da Terra (1 ano-luz corresponde a aproximadamente 9,46 bilhões de quilômetros). A menor distancia-se mil anos-luz do planeta que nos acolhe.

A constelação de Capricórnio na mitologia

O Capricórnio com seu rabo de peixe é conhecido sob muitas formas. Como um deus babilônico de nome Ea, por exemplo, e que saiu das profundezas da Terra para trazer sabedoria aos homens.

Na mitologia grega, o Capricórnio igualmente é conhecido como um espécime híbrido, meio animal, meio peixe. Foi assim que se estabeleceu o seu surgimento:

Os filhos gigantes da mãe Terra, os titãs, conhecidos de maneira geral como criaturas asquerosas, planejavam tomar de assalto o Olimpo, sede de todos os deuses. Zeus e seus aliados tentavam se proteger do ataque, empreendendo fuga. Para tanto, assumiam outra aparência que não a sua própria. Zeus fugiu na figura da ovelha-guia. Sua mulher Hera, em forma de uma vaca branca e

Ártemis transformou-se num gato. Pan, o deus das florestas e dos pastores, transformou a parte superior do seu corpo num bode e, da cintura para baixo, num peixe.

O deus pai Zeus ficou tão impressionado com esta última transformação que colocou o "peixe-bode" na altura dos céus, com a denominação de Capricórnio para todo o sempre.

Características

Preferências e conhecimentos acerca desta constelação

Amor: Racional

Qualidade: Cardeal (atividade)

Qualidades essenciais ao equilíbrio: calor humano, espontaneidade e espírito de diversão

Maiores virtudes: senso de dever, organização, perseverança, paciência e capacidade de enxergar a longo prazo

Necessidade mais profunda: gerir, encarregar-se e administrar

Características a evitar: pessimismo, depressão, materialismo e conservadorismo excessivos

Signos de maior compatibilidade: Touro e Virgem

Signos de maior incompatibilidade: Áries, Câncer e Libra

Dia favorável: Sábado.

O NÚMERO DE CAPRICÓRNIO NA NUMEROLOGIA: Oito! O oito é metódico, tem habilidade para a negociação.

A capacidade de trabalhar duro faz com que o oito suba por seu próprio esforço a escada do sucesso, que nada mais é do que um item do seu planejamento.

CORES: Cinza escuro, preto, marrom escuro e índigo.

ANIMAIS: Cabritos, cabras e todos os demais animais que escalam.

COMIDAS: O capricorniano vive de modo bem simples. Isso traz a vantagem de raramente se encontrar algum capricorniano gordo. Mas, por outro lado, podem lhe faltar alguns nutrientes para sua alimentação perfeita.

FLORES: Cravos e amor perfeito.

ÁRVORES: Olmeiro – porque, para o Capricórnio, ele irradia dignidade.

CIDADE: Cidades antigas como Amsterdã e Bruxelas.

PAÍSES: Naqueles onde o capricorniano possa participar de obras de caridade.

Personalidade

Particularidades positivas

Os nativos de Capricórnio são pessoas simpáticas, dotadas de muito tato, com um amplo senso de humor. Também são disciplinadas e valorizam muito as velhas tradições.

Particularidades negativas

Sua tendência à ordem pode dar nos nervos do companheiro de Capricórnio, do mesmo modo que seu pessimismo e sua tendência à economia, vista por muitos como sovinice. Se o sucesso falhar com o capricorniano, ele tenderá a ficar inquieto e amargo.

O objetivo de vida de Capricórnio

"Consegui! Venci! Estou por cima!" Estas são as palavras mais importantes na vida do capricorniano.

AFETIVIDADE

Capricórnio e o amor

Ela: vista por fora é o cordeirinho indefeso que tanto gostaria de ter alguém que a protegesse. Mas, debaixo daquela pele de cordeiro macia, esconde-se muita coisa. Ela sabe muito bem o que quer. Uma vez com ele preso em sua isca, teoricamente ela poderia apresentá-lo às suas amigas e ao resto do mundo. Mas não o faz. Ela adora surpresas! Ele é mantido em segredo e os encontros continuam sendo em locais desconhecidos. Após algumas semanas, é possível que ela conte à melhor amiga que há um príncipe encantado em sua vida.

No que diz respeito ao amor, ele, na verdade, não terá que fazer muita coisa. Alguns elogios agradáveis, de vez em quando, contanto que sejam sinceros.

Se os dois vierem a se encontrar na cama, a montanha de gelo, pela qual todo mundo pensa conhecer a capricorniana, derrete-se assustadoramente. Forma ondas gigantes e barulhentas sobre o colchão!

Ela exige satisfação dos seus prazeres, carícias, ação... Dispensa preliminares e logo deixa claro que tipo de mulher apaixonada é. Sexo para ela tem de ser duradouro. Os potentes senhores da criação são exigidos. Ela revida com selvageria.

Algum Romeu desavisado deixa o quarto da capricorniana com arranhões pelo corpo todo, como prova da programação!

Ele: o homem de Capricórnio está perfeitamente dentro do que se pode descrever como o amante perfeito. Práticas não convencionais, porém, não são com ele. E, ao contrário da capricorniana, gosta de preliminares longas. Só precisa que a companheira se aninhe nele, feito um gatinho carente, acaricie as costas dele e o momento se concretiza prontamente: o capricorniano vira um touro selvagem.

Como o moço de Capricórnio é bastante fiel, ocorre muitas vezes que ele se casa com o seu primeiro amor, aquela com a qual já trocava olhares na escola.

Zonas erógenas

Tanto no homem quanto na mulher de Capricórnio, a região de maior sensibilidade erótica são as costas. Eles também adoram quando são acariciados nas coxas e no peito.

Problemas na relação?

Quando o capricorniano percebe que a relação não funciona mais, dissolve-a por si só. Ele desaparece sem muita cerimônia. Sem briga, sem palavras ofensivas.

Como é que a gente se livra de um capricorniano? É só botar dinheiro fora, desrespeitar a agenda dele, criticá-lo a todo momento – e lá se foi o Capricórnio!

O relacionamento de Capricórnio com os demais signos

O homem de Capricórnio e a mulher de Áries

Atenção! A luta pelo poder está em curso. Ambos possuem personalidade forte, são ousados e nada nem ninguém pode mandar neles.

Só na intimidade reina harmonia. Naquelas horas, o dar e receber entre os dois acontece sem brigas. Mas, no dia-a-dia, não é assim. Brigam por dinheiro, trabalho, amigos, planejamento da carreira, pelas coisas da casa, brigam por tudo, enfim...

Não é uma condição ideal para um relacionamento longo. Talvez as chances melhorem quando ele avançar mais na idade e enxergar as coisas sob outro ângulo.

A mulher de Capricórnio e o homem de Áries

Ela age ferrenhamente ao próprio modo de pensar e é assim que ela quer transformar seu ariano, a quem classifica como "não lapidado e inculto". Ele, porém, não a considera tão atraente nem admirável como uma Gisele Bündchen, e por isso não permite que ela se intrometa em sua vida.

É provável que não passe de algumas noitadas agradáveis que, inclusive, na cama podem acabar. Mas disso não vai passar.

O homem de Capricórnio e a mulher de Touro

A mãe dele dirá: "filho, dessa vez, você arrumou uma mulher decente!" Realmente, os dois combinam muito bem. Adoram as coisas do lar, valorizam o dinheiro, alegram-se incrivelmente quando a bolsa de valores sobe, trabalham direcionados a juntar patrimônio. Na cama não é diferente. Só alegrias. Às vezes ocorre de se irritarem com a teimosia um do outro – mas só às vezes!

Nada há que impeça a colocação da aliança de casamento.

A mulher de Capricórnio e o homem de Touro

"Sim – nós estamos a fim!" Essa é a opinião sincera de ambos com relação ao seu relacionamento. Mas é bom lembrar de que ele terá que deixar de olhar para outros peitos, pernas e bumbuns. Quando se trata dessas partes, ela não quer saber de gracinhas. Pudera! Ela mesma oferece uma vasta seleção de qualidades: amante e dona de casa perfeita, é fiel e, profissionalmente, hábil contadora. Tudo numa pessoa só. Além disso, jeitosamente auxilia seu homem a subir na carreira.

O homem de Capricórnio e a mulher de Gêmeos

Ao observarmos atentamente os dois – ela toda temperamental, agitada por qualquer coisa, provocante – ele, concentrado, lento, devotado – confirma-se a expressão de que os opostos se atraem. Por algum tempo, os dois se darão muito bem. Só que paixão e sexo não é tudo na vida. No dia-a-dia, os dois vão balançar.

A separação faz parte desse relacionamento.

A mulher de Capricórnio e o homem de Gêmeos

Pode-se dizer que tomaram o caminho errado, esses dois!

Ela deu tudo que tinha a ele, numa noite de muito agito. E o que fez ele? Perguntado por ela se a amava, ele faz de conta que não é com ele, desconversa, lembra do carro e da necessidade de levá-lo à oficina. A capricorniana não terá muitas alegrias com esse tipo avoado. Nem os métodos de transformação dela farão a diferença.

Pequena capricorniana! Ouça, portanto, o conselho de deixá-lo sair fora...

O homem de Capricórnio e a mulher de Câncer

Ela o deseja e muito! Não fosse a timidez diante do sexo. Mas se ele der um empurrãozinho em si próprio e assumir o comando da intimidade, as coisas vão funcionar muito bem. Lamentavelmente, em algum momento e relação vai acabar.

É que o capricorniano quer dominar demais a frágil canceriana e isso ela não gosta nem um pouco. Ela vai se afastar e procurar outro namorado.

A mulher de Capricórnio e o homem de Câncer

Um companheiro bem ao gosto dela. Ela entra de cabeça na profissão e ganha o dinheiro. Ele assume a casa. Lava e passa a roupa, faz compras, cuida do jardim – tudo sem reclamar. Por recompensa, a meiga capricorniana dispensa horas de muito afeto ao seu homem de Câncer.

O homem de Capricórnio e a mulher de Leão

Homem de Deus! Seja mais fantasioso para esta leonina selvagem. Ela quer ação e diversão na cama e encontra um capricorniano um tanto egoísta nesse aspecto.

Se na intimidade já não combinam muito bem, fora dos lençóis então, nada feito.

Ambos querem dominar, querem independência. Melhor cada um seguir logo o seu caminho, antes que haja lágrimas e tristeza.

A mulher de Capricórnio e o homem de Leão

Ela gosta de coçar o pelo de leão dele. Além disso, ele obtém dela tudo quanto deseja. Contanto que ela consiga mantê-lo debaixo de suas asas. Ele gosta que ela aja por ele. Sobretudo ele admira como ela lida com o dinheiro e a profissão. Entretanto, se essa relação vai durar muito tempo, encontra-se escrito nas estrelas.

O homem de Capricórnio e a mulher de Virgem

Aquele frio excitante na barriga desaparece logo depois de se conhecerem. O sexo igualmente não tem importância para eles. Como Capricórnio e Virgem são de confiança, conservadores e compreensivos um com o outro no dia-a-dia, a vida em conjunto é uma maravilha. O casamento tem as melhores chances de ser bem-sucedido, mesmo que lhes falte uma certa dose de sentimentalismo.

A mulher de Capricórnio e o homem de Virgem

Este casal controla sua relação com sobriedade até nos mínimos detalhes. Também nos negócios, a parceria é bem-sucedida. Só aquela alegria de viver intensamente é que falta totalmente. Uma pitada de sensualidade apenas faria muito bem aos dois. Mas eles são voltados unicamente às coisas materiais. Assim sendo, é evidente que antes do casamento os dois façam um acordo pré-nupcial prevendo todo tipo de ocorrência. Pobre cupido! Sua flecha vai se vergar antes que um deles encontre algum prazer com o sexo e o amor.

O homem de Capricórnio e a mulher de Libra

O charme e a sensualidade de Libra atraem o capricorniano como a luz atrai os insetos. Porém, após a primeira vertigem incontrolável do amor, o verniz começa a esfarelar-se e Capricórnio começa a achar Libra um tanto egoísta. E isso ele não tolera de jeito nenhum. Ele também reclama que a libriana não atende satisfatoriamente seus desejos relacionados ao sexo.

Infelizmente, ela não muda seu comportamento e o capricorniano já parte em busca de outras mulheres mais atraentes.

A mulher de Capricórnio e o homem de Libra

O que é que, afinal, ela quer com este fanático? Afinal, ela não tem chance nenhuma de contê-lo diante da premente necessidade dele de correr atrás de outras mulheres. Ele se acha o bom e nunca quer ficar comprometido com uma mulher apenas. Para que também? Se em cada lugar há uma, esperando por ele?

Com uma opinião dessas, nenhuma capricorniana toda fiel vai dar conta dele.

A ordem do dia seria lágrimas e dor. Melhor ela procurar outro príncipe encantado.

O homem de Capricórnio e a mulher de Escorpião

A harmonia que esses dois experimentam na intimidade, já que Escorpião é cheio de fantasias e Capricórnio metódico, também se transfere aos demais âmbitos do cotidiano, em conjunto. É verdade que o capricorniano tem ciência da ampla necessidade de domínio de

Escorpião, mas ele também sabe que no fundo não deixa de ser uma expressão de amor. E ele permite que ela o possua.

Dessa relação intensa, certamente sairá um bom casamento.

A mulher de Capricórnio e o homem de Escorpião

Com persistência e charme ele consegue transformar o bloco de gelo na cama num vulcão incandescente. Ela, por sua vez, cuida dele como uma galinha cuida dos seus pintinhos. E desse modo, e juntos, os dois são muito felizes.

Como afirma muito bem o conto de fadas: "... Se não tivessem falecido, ainda hoje viveriam juntos."

O homem de Capricórnio e a mulher de Sagitário

Minha Nossa! Será que ela não percebe que herói travado ela arrumou? Ele não aceita de jeito nenhum um programa diferente por menor que seja, do tipo fazer amor no chão da floresta, cheio de semente de pinha. Para ele só há o ambiente de casa para a melhor ginástica do mundo.

Mas a sagitariana é uma fera que a toda hora procura seduzi-lo nos lugares mais estranhos possíveis. Além disso, a sagitariana tem a mania de jogar. Não há bingo desconhecido para ela, para revolta dele.

Uma união estável e amorosa certamente não vai nascer nesse caso.

A mulher de Capricórnio e o homem de Sagitário

Ela está doidinha para conhecer este homem fantástico! Pena que ele seja homem de uma noite só! Mais do que isso não é com ele. A capricorniana teria de empreender um trabalho pioneiro para transformar o sagitariano num companheiro fiel. Bem ou mal, é provável que ela tenha que deixá-lo partir.

O homem de Capricórnio e a mulher de Capricórnio

Após o famoso sétimo céu que eles experimentam, os dois vão aterrissar novamente no chão da realidade. E a uma velocidade supersônica.

Ambos são muito bitolados, não admitem abrir seus conceitos e visões. A mesma coisa acontece entre os lençóis, onde a monotonia não vai demorar. Algumas semanas eles se toleram, mas depois vão partir em busca de um novo companheiro.

A mulher de Capricórnio e o homem de Capricórnio

Logo, logo ela vai largar dele. Porque ele é a cópia dela. Afinal, ninguém gosta de ver seus próprios erros e fraquezas sendo apresentados a toda hora. A isso, acrescenta-se que, na cama, eles também não vivenciam sessões de êxtase e festas de desejos. Ele talvez tenha alguma chance com ela, ou seja, se estiver com a carreira profissional definida e um saldo bancário considerável a apresentar.

O homem de Capricórnio e a mulher de Aquário

O Cupido gosta de mencionar a relação destes dois como exemplo para mostrar como um casal apaixonado pode tornar-se amigo.

Já na intimidade, não há a menor chance de dar certo. O capricorniano prefere a escuridão. A aquariana quer holofotes. Além disso, num longo prazo a amante da individualidade e mulher de Aquário não aguenta o todo objetivo homem de Capricórnio. Como amigos, entretanto, podem confiar um no outro.

A mulher de Capricórnio e o homem de Aquário

Sorte que ela goste de passar algumas horas consigo mesma. O solitário aquariano aprova integralmente essa atitude dela, já que não aprova ficar junto o tempo todo. Ela só terá que ter clareza sobre o que quer: um marido ou um andarilho, que também busca outras flores fora de casa. Ela não pode esperar que ele seja um marido caseiro e pai dos seus filhos.

O homem de Capricórnio e a mulher de Peixes

Na verdade ela é uma miniatura de fera que, em algum momento, vai tentar dar uma rasteira no capricorniano. Ele vai aceitar resignadamente a situação, e, com o tempo, ela vai perceber que homem legal ela tem a seu lado.

Na cama ele comanda o espetáculo e ela obedece. Nas demais questões do dia-a-dia, tudo funciona bem entre os dois. Têm tudo, portanto, para constituírem uma relação duradoura.

A mulher de Capricórnio e o homem de Peixes

Tão diferentes como são estes dois e, mesmo assim, conseguem ser felizes juntos. É que o Peixe consegue vasculhar o mundo secreto dos sentimentos da capricorniana. Por outro lado, introduzido nas emoções dela, o Peixe sente-se bem na companhia dessa segura, inteligente e perfeita mulher de Capricórnio.

Na intimidade ela também domina e ele obedece docilmente.

E já a relação está em bom caminho.

VIDA SOCIAL

O exterior de Capricórnio

Tão logo esteja à nossa frente, não resta dúvida: é um capricorniano! Ele carrega uma calma difícil de abalar os seus passos. A isso se acrescenta um olhar bastante gélido, quase inatingível. O capricorniano odeia o faz-de-conta ou mesmo ações de efeito. Seu aperto de mão é rápido, sua voz é constante, de tom inalterável.

A mulher de Capricórnio se veste de modos simples, econômicos. Acessórios da moda para ela são futilidades dispensáveis. Não passa pela cabeça dela gastar somas de dinheiro com embelezamento. Suas cores preferidas são as discretas.

O homem de Capricórnio tem o mesmo hábito no vestir-se. Sua roupa de todo dia é absolutamente correta, com efeito austero e objetivo. As exceções normalmente confirmam a regra. Assim também é com o Capricórnio que, fortalecido pela influência de Saturno, valoriza muito o vestuário de acordo com a moda.

As mulheres de Capricórnio sempre estão atrás dos últimos ditames da moda, sem, contudo, vestirem-se de modo a chamar atenção. Afinal, os capricornianos que se vestem de acordo com a moda, ao mesmo tempo também adoram a simplicidade – desde que seja elegante.

As férias de Capricórnio

Os agentes de turismo não têm muitas alegrias com o capricorniano. Nem prospectos dos mais atraentes, nem as melhores ofertas em termos de preços. Nada convence o Capricórnio. Ele continua indiferente. Se tiver de sair de férias, que seja para um lugar solitário e deserto. Na maioria das vezes o capricorniano viaja sozinho, mas, se alguém for em sua companhia, terá de compartilhar a modéstia e não irritar o companheiro durante a viagem.

O nativo de Capricórnio também aprecia fazer viagem de estudos em suas férias. É que, na opinião dele, não se deveria obrigatoriamente passar as melhores semanas do ano sem fazer nada. Cursos de cerâmica ou sobre cultivo de hortas biologicamente corretas são exatamente do que o Capricórnio gosta.

Os hobbys de Capricórnio

Esporte não é exatamente a preferência do capricorniano. Uma modalidade esportiva, contudo, fascina-o e o faz participar: a corrida pedestre. É ali que ele vai provar o quanto é resistente e persistente, correndo 42,5 quilômetros. Mas se algum capricorniano se atrair por um esporte de inverno, então será o esqui. Passar zunindo pela pista, para ele é o máximo. E tanto o esqui quanto a maratona servem para estabelecer os limites do organismo do Capricórnio.

Evidentemente, o capricorniano também gosta de andar pelas montanhas onde se sente ligado estreitamente tanto ao céu quanto a terra.

Mas se a outra cara metade do capricorniano convocá-lo para cuidar do gramado, ele se faz presente imediatamente. Ele ama serviços de jardinagem, sendo que este lhe proporciona horas de ar livre e, com uma paciência de Jó, elimina tudo quanto é inço. Mas se o capricorniano for atacado pela fúria colecionadora, serão cristais e minerais o que ele vai juntar para sua coleção.

CARREIRA

A profissão de Capricórnio

O capricorniano gosta de trabalhar sozinho. Ele rejeita trabalhar em equipe. Porém, sempre está pronto para a carreira. Se não dá como ele deseja, rapidamente troca de local de trabalho, embora, no fundo do seu coração, tenha vontade de permanecer fiel ao seu empregador. Na verdade, a carreira de funcionário público é a ideal para o capricorniano. Subir devagar a escada da promoção, sem nenhuma pressa.

A mulher de Capricórnio até prefere a carreira profissional à família. Como chefe, o capricorniano comporta-se friamente. É exigente, acha que deve manter distância, mas também é justo e objetivo. Como colega, é de confiança e sempre está disposto a ajudar, tanto com conselhos quanto com ações.

Nas questões com dinheiro, o Capricórnio é bastante cauteloso. Ele o segura, adora sua caderneta de poupança e jamais ousa gastar por impulso.

Capricornianos famosos

Joanne d'Arc, Benjamin Franklin, Martin Luther King, Isaac Newton, Richard Nixon, Aristóteles Onassis, Louis Pasteur, Elvis Presley, Giacomo Puccini, Helena Rubinstein, Mao Tse-Tung, Cláudia Raia, Louis Pasteur, Denzel Washington, Luciano Szafir, Anthony Hopkins, Michael Schumacher, Mel Gibson, Kahlil Gibran, Nicolas Cage, Jô Soares, Jim Carrey, Kevin Kostner, Konrad Adenauer, Wilhelm Canaris, Paul Cézanne, Marlene Dietrich, Annette V.Droste-Hülshoff, Faye Dunaway, Driedrich Dürrenmatt, Federico Fellini, Theodor Fontane, Hermann Göring, Cary Grant, Franz Grillparzer, Jacob Grimm, Gustav Gründgens, Françoise Hardy, Lilian Harvey, Christine Kaufmann, Johannes Kepler, Rudyard Kipling, Hildegard Knef, Henri Matisse, Henry Miller, Muhammad Ali, Gamal Abd El Nassar, Pola Negri, Edgar Alln Poe, Madame de Pompadour, Johann Philipp Reis, Albert Schweitzer, J.R.R. Tolkiern, Susanne Uhlen, Heinrich Zille, Carl Zuckmayer, Ulrich Zwingli.

A saúde de Capricórnio

Os capricornianos são representantes resistentes da espécie humana. Além da excelente saúde, a maioria ainda é contemplada com vida longa. Se, todavia, ocorrer que um capricorniano adoeça seriamente, então ele se agarra ao seu mal, curte-o formalmente. Como companheiro é preciso ter nervos de aço para atravessar essa fase sem se abater também. Problemas de maior gravidade, o capricorniano poderá ter com os joelhos (inflamações, descalcificações...). A região do quadril também poderá incomodá-lo de vez em quando. Como muito bem sabemos, há uma ligação entre o corpo e a alma. Se os capricornianos adotarem modos mais flexíveis, mais ao encontro dos seus semelhantes e levarem a vida como ela se apresenta, os problemas com os joelhos também serão menores.

Portanto, queridos capricornianos: favor adotar menos rigidez e mais prazer para marchar pela vida!

SORTE

As pedras da sorte de Capricórnio

Mica: para o capricorniano é a pedra da esperança e do otimismo. Ela proporciona felicidade e harmonia no amor.

Ágata: esta é a pedra da sorte do capricorniano. Ela traz sorte no jogo, no trabalho e no amor.

Ônix: ele neutraliza toda maldade da alma de quem o usa.

Turmalina negra: ela tem a propriedade de canalizar energias positivas, além de presentear com meios de sobrevivência a quem a usa.

Azurita: ela protege o Capricórnio de todas as oscilações emocionais e afugenta o mal para longe.

Espiritualidade

Para o capricorniano, a vida tem o fim último de alcançar a perfeição, isto é, quando ele encontra a si mesmo. Não é por acaso que existem tantos ascetas e místicos nascidos neste signo. Ele se comporta como o alpinista que se impõe subir mais alto e ir mais longe. No entanto, sabe que é importante descer e continuar sua missão terrena de iluminar...

Neste capítulo, com a finalidade de acompanhamento espiritual ou de ajuda, foram escolhidas as entidades denominadas anjos protetores ou de guarda. O anjo representa a energia e a pureza do conhecimento de Deus. Segundo pesquisas exotéricas, o anjo de guarda permanece junto da pessoa desde o dia de seu nascimento até o dia do desencarne (morte). Saiba mais sobre essas entidades especialmente relacionadas ao seu signo e à data de seu nascimento.

Categorias ou qualidades de anjos de guarda e Príncipes, correspondentes à proteção de determinados períodos do signo de Capricórnio:

De 22 a 27 de dezembro

Qualidade: Arcanjos

Categoria angelical responsável pela transmissão das mensagens, assegurando os bons relacionamentos, a sabedoria e os estudos. São anjos ágeis e querem ver todos felizes nesta existência.

Príncipe: Mikael ou Miguel (Príncipe de Israel, considerado um superanjo, invocado para a coragem, forte defesa e proteção divina.

De 28 de dezembro a 4 de janeiro

Qualidade: Anjos

Categoria angelical da qual Deus mais se utiliza para fazer milagres, impulsionando a evolução da humanidade através de experimentos e experiências de vida.

Príncipe: Gabriel (É o príncipe dos anjos. Gabriel significa "humanidade de Deus"ou "herói da humanidade". Resgata seus protegidos na Terra para levá-los ao céu.)

Dia 5 de janeiro

As pessoas nascidas nesta data pertencem à hierarquia dos "Senhores do Sacrifício". Em outras vidas, praticaram muitos atos humanitários, por meio dos quais sua própria vida foi doada em benefício de um grupo. São considerados "Gênios da Humanidade", anjos terrenos, representando a proteção divina. Como já possuem uma essência angelical muito forte, não há designação de um anjo específico para eles. Podem escolher o anjo guardião com o qual se identificam, ou pelo horário de nascimento.

De 6 a 13 de janeiro

Qualidade: Serafins

Categoria angelical que está mais próxima de Deus. São considerados os mais velhos e/ou responsáveis de todos os anjos. Personificam a caridade e a inteligência.

Príncipe: Metraton (Nome que significa "rei dos anjos" em hebraico. Ele governa todas as forças da criação em benefício dos habitantes da Terra.)

De 14 a 20 de janeiro

Qualidade: Querubins

Refletem a sabedoria divina, aliada ao temperamento jovial. É a representação de anjo que mais conhecemos: bochechudo, nu, com sorriso de criança arteira.

Príncipe: Raziel (Nome que significa "segredo de Deus", é o príncipe dos mistérios e o guardião da humanidade).

Identificação do anjo de guarda pessoal e atribuições, conforme a sua data de nascimento; horários e dias em que seu anjo estará mais próximo e o número do Salmo para orar, referente a ele:

22 DE DEZEMBRO

Anjo Harahel - 19h20min às 19h40min - 17 de maio, 29 de julho, 10 de outubro, 22 de dezembro, 5 de março - Salmo 112.

Atribuições do anjo: Ajuda a curar os problemas dos órgãos reprodutores, principalmente femininos, favorecendo a vida longa e saudável. Torna as crianças respeitosas para com os parentes, os pais, os colegas de estudo e os professores. Auxilia os corretores de valores, os agentes de câmbio, as pessoas que trabalham em órgãos públicos, arquivos, bibliotecas, e as que possuem quaisquer coleções, principalmente as raras e preciosas.

23 DE DEZEMBRO

Anjo Mitzrael - 19h40min às 20h - 18 de maio, 30 de julho, 11 de outubro, 23 de dezembro, 6 de março - Salmo 144.

Atribuições do anjo: Ajuda a curar os males do espírito e livra das perseguições. Influi sobre a fidelidade e a obediência.

24 DE DEZEMBRO

Anjo Umabel - 20h às 20h20min - 19 de maio, 31 de julho, 12 de outubro, 24 de dezembro, 7 de março - Salmo 112.

Atribuições do anjo: Favorece as amizades, os estudos de astrologia, psicologia e esoterismo; influencia fortemente as pessoas para que se especializem em pesquisas nessas áreas.

25 DE DEZEMBRO

Anjo Iah-hel - 20h20min às 20h40min - 20 de maio, 1º de agosto, 13 de outubro, 25 de dezembro, 8 de março - Salmo 118.

Atribuições do anjo: Ajuda a obter sabedoria, auxilia o aparecimento de ideias luminosas e a apaziguar a violência no mundo. Leva as pessoas a uma vida honesta e correta.

26 DE DEZEMBRO

Anjo Anauel - 20h40min às 21h - 21 de maio, 2 de agosto, 14 de outubro, 26 de dezembro, 9 de março - Salmo 2.

Atribuições do anjo: Ajuda a encontrar a verdadeira espiritualidade e a obter sabedoria. Protege contra os problemas de saúde e acidentes; conserva a paz nas famílias, neutralizando as maldades dos inimigos.

27 DE DEZEMBRO

Anjo Mehiel - 21h às 21h20min - 22 de maio, 3 de agosto, 15 de outubro, 27 de dezembro, 10 de março - Salmo 32.

Atribuições do anjo: Protege contra a raiva, inimizades e acidentes de trânsito. Favorece os que buscam a sabedoria, os professores, os autores e oradores. Influencia os que amam a leitura, as livrarias e todos os que comercializam produtos nesta área.

28 DE DEZEMBRO

Anjo Damabiah - 2lh20min às 21h40min - 11 de março, 23 de maio, 4 de agosto, 16 de outubro, 28 de dezembro - Salmo 89.

Atribuições do anjo: Protege contra os sortilégios ou presságios negativos, ajuda a alcançar o triunfo e faz render os empreendimentos. Favorece as pessoas que trabalham em cidades litorâneas, nas expedições marítimas para pesquisas, o comércio com os produtos do mar, marinheiros e pilotos.

29 DE DEZEMBRO

Anjo Manakel - 21h40min às 22h - 12 de março, 24 de maio, 5 de agosto, 17 de outubro, 29 de dezembro - Salmo 37.

Atribuições do anjo: Ajuda a acalmar a cólera e a tirar todas as maldades das pessoas. Influencia a inspiração para a música e a poesia. Domina o mundo dos elementais.

30 DE DEZEMBRO

Anjo Ayel - 22h às 22h20mim - 13 de março, 25 de maio, 6 de agosto, 18 de outubro, 30 de dezembro - Salmo 36.

Atribuições do anjo: Consola as pessoas vitimadas por adversidades ou injustiças. Favorece a longevidade, a preservação e a solidificação de bens materiais adquiridos por intermédio do trabalho. Influencia os estudos da filosofia, do misticismo ou religiões. Domina as mudanças.

31 DE DEZEMBRO

Anjo Habuhiah - 22h20min às 22h40min - 14 de março, 26 de maio, 7 de agosto, 19 de outubro, 31 de dezembro - Salmo 105.

Atribuições do anjo: Ajuda a manter a paz, a eliminar a força dos maldosos e a curar os problemas de saúde. Exerce influência na agricultura, criação e fecundidade.

1º DE JANEIRO

Anjo Rochel - 22h40min às 23h - 1º de janeiro, 15 de março, 27 de maio, 8 de agosto, 20 de outubro - Salmo 15.

Atribuições do anjo: Ajuda a encontrar os objetos desaparecidos. Aponta quem os escondeu e roubou. Influencia a obtenção de renome, fortuna e sucesso na economia, política e justiça.

2 DE JANEIRO

Anjo Yabamiah - 23h às 23h20min - 2 de janeiro, 16 de março, 28 de maio, 9 de agosto, 21 de outubro - Salmo 91.

Atribuições do anjo: Domina as gerações e todos os fenômenos da natureza. Protege quem se regenera e se redime através da harmonia, exaltando a Deus e purificando os elementos. Recupera os drogados e os alcoólatras.

3 DE JANEIRO

Anjo Haiaiel - 23h20min às 23h40min - 3 de janeiro, 17 de março, 29 de maio, 10 de agosto, 22 de outubro - Salmo 108.

Atribuições do anjo: Ajuda a confundir os maldosos e a

libertar as pessoas dos vínculos com os opressores. Protege os que buscam a luz da verdade. Domina a vitória e a paz. Concede a força, a energia, o talento e mais segurança em todas as atividades.

4 DE JANEIRO

Anjo Mumiah - 23h40min à 0h - 4 de janeiro, 18 de março, 30 de maio, 11 de agosto, 23 de outubro - Salmo 114.

Atribuições do anjo: Protege contra os processos mágicos desconhecidos. Ajuda a obter triunfo e conduz a descobertas úteis. Domina a química, a física, a medicina e a longevidade.

5 DE JANEIRO

As pessoas nascidas nesta data pertencem à hierarquia dos "Senhores do Sacrifício". Em outras vidas, praticaram muitos atos humanitários, por meio dos quais sua própria vida foi doada em benefício de um grupo. São considerados "Gênios da Humanidade", anjos terrenos, representando a proteção divina. Como já possuem uma essência angelical muito forte, não há designação de um anjo específico para eles. Podem escolher o anjo guardião com o qual se identificam, ou pelo horário de nascimento.

6 DE JANEIRO

Anjo Vehuiah - 0h à 0h20min - 6 de janeiro, 20 de março, 1º de junho, 13 de agosto, 25 de outubro - Salmo 3.

Atribuições do anjo: Ajuda a executar as tarefas mais difíceis. Tem grande potencial de cura nas mãos.

7 DE JANEIRO

Anjo Jeliel - 0h20min à 0h40min - 7 de janeiro, 21 de março, 2 de junho, 14 de agosto, 26 de outubro - Salmo 21.

Atribuições do anjo: Acalma as revoltas populares, obtém ganho de causa contra os que buscam atacar a outrem judicialmente, restabelece a felicidade conjugal e a paz entre os esposos. Tem domínio sobre patrões e empregados, mantendo a harmonia.

8 DE JANEIRO

Anjo Sitael - 0h40min à 1h - 8 de janeiro, 22 de março, 3 de junho, 15 de agosto, 27 de outubro - Salmo 90.

Atribuições do anjo: Invocado contra as adversidades, favorece o magnetismo pessoal e as grandes descobertas. Protege contra acidentes de automóvel, uso de armas ou assaltos.

9 DE JANEIRO

Anjo Elemiah - 1h à 1h20min - 9 de janeiro, 23 de março, 4 de junho, 16 de agosto, 28 de outubro - Salmo 6.

Atribuições do anjo: Invoca-se este anjo quando o espírito está atormentado e será preciso uma reconsideração ou arrependimento dos atos.

10 DE JANEIRO

Anjo Mahasiah - 1h20min à 1h40min - 10 de janeiro, 24 de março, 5 de junho, 17de agosto, 29 de outubro - Salmo 33.

Atribuições do anjo: Invoca-se este anjo para viver em

paz com todos. Ele exerce domínio sobre a filosofia e a teologia, as altas ciências, as artes e as profissões liberais. Além disso, auxilia no aprendizado, inclusive de idiomas.

11 DE JANEIRO

Anjo Lelahel - 1h40min às 2h - 11 de janeiro, 25 de março, 6 de junho, 18 de agosto, 30 de outubro - Salmo 9.

Atribuições do anjo: Invocado contra as pessoas maldosas e para iluminar os atos de cura. Ele domina as artes, a fortuna, as ciências e o amor.

12 DE JANEIRO

Anjo Achaiah - 2h às 2h20min - 12 de janeiro, 26 de março, 7 de junho, 19 de agosto, 31 de outubro - Salmo 102.

Atribuições do anjo: Invoca-se este anjo para aumentar a paciência. Ele ajuda a desvendar os segredos da natureza e abre os caminhos no campo de trabalho.

13 DE JANEIRO

Anjo Cahethel - 2h20min às 2h40min - 13 de janeiro, 27 de março, 8 de junho, 20 de agosto, 1º de novembro - Salmo 94 e/ou 95.

Atribuições do anjo: Invoca-se este anjo para obter a proteção de Deus, para inspirar o homem a elevar-se até Ele e agradecer os bens de consumo. Ajuda a ter força para resistir e continuar sempre em frente.

14 DE JANEIRO

Anjo Haziel - 2h40min às 3h - 14 de janeiro, 28 de março, 9 de junho, 21 de agosto, 2 de novembro - Salmo 24.

Atribuições do anjo: Ajuda a obter a graça de Deus, domina a bondade e a reconciliação. Influencia as promessas feitas de forma sincera e facilita os ganhos de causa para pessoas inocentes.

15 DE JANEIRO

Anjo Aladiah - 3h às 3h20min - 15 de janeiro, 29 de março, 10 de junho, 22 de agosto, 3 de novembro - Salmo 32.

Atribuições do anjo: Invocado contra as doenças e a maldade. Facilita sempre a escolha do melhor caminho ou oportunidade.

16 DE JANEIRO

Anjo Laoviah - 3h20min às 3h40min - 16 de janeiro, 30 de março, 11 de junho, 23 de agosto, 4 de novembro - Salmo 17.

Atribuições do anjo: Invocado contra as fraudes e para alcançar a vitória. Ele faz com que os relaciona-mentos sejam fortes e duradouros.

17 DE JANEIRO

Anjo Hahahiah - 3h40min às 4h - 17 de janeiro, 31 de março, 12 de junho, 24 de agosto, 5 de novembro - Salmo 9.

Atribuições do anjo: Este anjo atua de forma decisiva contra os adversários, faz revelações de todos os mistérios ocultos, principalmente em sonhos. Domina a serenidade, a moderação e o equilíbrio.

18 DE JANEIRO

Anjo Yesalel - 4h às 4h20min - 18 de janeiro, 1° de abril, 13 de junho, 25 de agosto, 6 de novembro - Salmo 97.

Atribuições do anjo: Este anjo facilita as amizades e colabora para a felicidade conjugal. Auxilia a rápida compreensão de todas as situações.

19 DE JANEIRO

Anjo Mebahel - 4h20min às 4h40min - 19 de janeiro, 2 de abril, 14 de junho, 26 de agosto, 7 de novembro - Salmo 9.

Atribuições do anjo: Anjo da justiça, da verdade e da liberdade, livra as pessoas que se sentem prisioneiras ou deprimidas, protege os inocentes e traz à tona a verdade.

20 DE JANEIRO

Anjo Hariel - 4h40min às 5h - 20 de janeiro, 3 de abril, 15 de junho, 27 de agosto, 8 de novembro - Salmo 93.

Atribuições do anjo: Ele é invocado contra os incrédulos da religião. Sua influência está ligada aos sentimentos religiosos, que se distinguem pela pureza. Ajuda a descobrir tudo o que é útil e novo, protegendo as ciências e as artes.

Ascendentes

O ascendente é o signo que aparece no horizonte na hora do seu nascimento. Em alguns aspectos, é tão importante quanto o seu signo solar ou lunar, já que suas atitudes mais extremas frente à vida são muito influenciadas por ele. Para identificar o seu ascendente, basta procurar no quadro abaixo a coluna correspondente à sua data e hora de nascimento (caso tenha nascido num país em que estava vigente o horário de verão, deverá descontar uma hora).

Você é Capricórnio e nasceu entre:

22/12-1º/01	*02/01-11/01*	*12/01-20/01*	*ASCENDENTE:*
12:15-13:15	11:35-12:35	10:55-11:55	Áries
13:15-14:35	12:35-13:55	11:55-13:15	Touro
14:35-16:15	13:55-15:35	13:15-14:55	Gêmeos
16:15-18:45	15:35-18:05	14:55-17:25	Câncer
18:45-21:35	18:05-20:55	17:25-20:15	Leão
21:35-00:15	20:55-23:35	20:15-22:55	Virgem
00:15-02:55	23:35-02:15	22:55-01:35	Libra
02:55-05:45	02:15-05:05	01:35-04:25	Escorpião
05:45-08:05	05:05-07:25	04:25-06:45	Sagitário
08:05-09:55	07:25-09:15	06:45-08:35	Capricórnio
09:55-11:15	09:15-10:35	08:35-09:55	Aquário
11:15-12:15	10:35-11:35	09:55-10:55	Peixes

A seguir, pode-se verificar como cada ascendente influi em seu signo solar.

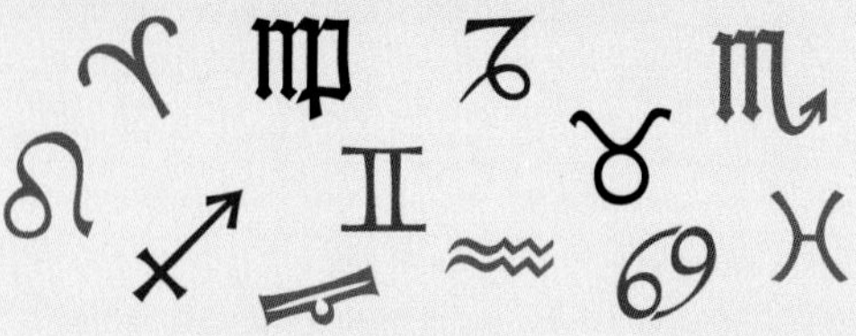

CAPRICÓRNIO-ÁRIES

Este nativo é muito mais dinâmico, impaciente e entusiasta diante da vida que os demais capricornianos. A energia de Áries combinada ao caráter restritivo de Capricórnio pode ser uma fórmula explosiva, por isso necessita de equilíbrio. Ele valoriza a segurança material e não se importa de trabalhar duro para conquistá-la. É muito ambicioso e perseverante. Representa a contradição entre o "velho" Capricórnio e o "jovem" Áries, a diplomacia, a força e o poder contra a impulsividade.

CAPRICÓRNIO-TOURO

Ele está bem encaminhado para o êxito, já que nunca desiste daquilo que quer. Sabe aguardar o momento adequado, a responsabilidade e a determinação ganham mais força graças à influência de Touro. Esta combinação favorece a paciência, a ambição, a vida sentimental, a estabilidade, a fidelidade e o respeito à individualidade. Um alerta: evitar ser materialista em excesso.

CAPRICÓRNIO-GÊMEOS

Gêmeos atribui mais alegria à sua vida e acrescenta-lhe projetos originais e criativos. A combinação favorece o dinamismo, o intercâmbio de opiniões, a lucidez e o senso crítico. No entanto, seus valores são antiéticos. A inconstância de Gêmeos se opõe à perseverança de Capricórnio. O nativo desenvolve a organização e a coordenação, controlando a fantasia e o humor. É muito hábil nos negócios e implacável em seus julgamentos.

CAPRICÓRNIO-CÂNCER

O nativo alcança o equilíbrio com a combinação de signos opostos e complementares. A tenacidade de Câncer favorece a ambição de Capricórnio, e o rigor deste abranda-se com a emotividade do Caranguejo. Manifesta maior desejo de segurança econômica e prestígio social que um Câncer típico. Não vai medir esforços para chegar ao auge e atingir seus objetivos. Às vezes, é calculista e propenso à intriga.

CAPRICÓRNIO-LEÃO

A força prodigiosa de Leão está ao lado da paciência de Capricórnio. O nativo busca objetivos muito altos, êxitos materiais e ostentação. Deve moderar a tendência de supervalorizar seu ego, conquistar a fama e o brilho social. Os altos e baixos são constantes, mas o nativo é prudente. Um alerta: evitar a obstinação.

CAPRICÓRNIO-VIRGEM

Este nativo possui extremo senso prático e é um dos mais condicionados ao trabalho de todo o Zodíaco. Em sua ascensão para o êxito, através de severa disciplina, busca a perfeição e a estabilidade. É duplamente precavido e prudente: Capricórnio o reveste com uma couraça e aproveita suas aptidões intelectuais para a realização das ambições. Se quiser obter êxito também na vida emocional, precisa reservar um tempo livre...

CAPRICÓRNIO-LIBRA

Ele parece dotado de dupla personalidade. Coexistem os dois lados: um é aberto, expansivo, um tanto frágil; o outro é frio, fechado, poderoso. Geralmente eles se alternam e não se encaixam. O nativo consegue ver os dois lados da moeda e pesar os prós e contras antes de tomar decisões importantes. Valoriza o trabalho em equipe em todos os campos.

CAPRICÓRNIO-ESCORPIÃO

A vontade férrea une-se à exaltação dos desejos íntimos e o sentido do dever combina-se à intuição para atingir o êxito. O nativo é forte, mas deve conter o lado manipulador em suas relações. Sua intensidade emocional o impulsiona a ser ainda mais decidido e poderoso. Diante da angústia, dispõe da lucidez e do heroísmo para lutar contra os próprios fantasmas e contra as dificuldades do mundo exterior.

CAPRICÓRNIO-SAGITÁRIO

O nativo está aberto a novas ideias e tem uma visão de mundo mais otimista que os demais capricornianos. Tende a assumir mais responsabilidades do que deveria e a desperdiçar energia. Sem chegar a ser ofensivo, exterioriza seus impulsos de forma direta, ocultando os sentimentos. É um apaixonado que busca motivos para seguir adiante, lançar-se em aventuras e conquistas. Seu objetivo pode ser a ambição pura ou a realização pessoal.

CAPRICÓRNIO-CAPRICÓRNIO

Acentuam-se o apego ao trabalho e a perseverança. O cumprimento das responsabilidades é um ponto de honra para este nativo, mas a vida não se resume nisso. É preciso relaxar e atribuir mais alegria à vida para a escalada ser mais suave. Aparentemente o nativo tem perfeito domínio de si mesmo, as angústias parecem bem dissimuladas. Mas ele tem limitações. Com muita lucidez e espírito crítico, observa-se, julga-se e volta-se para dentro de si mesmo.

CAPRICÓRNIO-AQUÁRIO

Sob a regência de Saturno, o nativo desta combinação explora seus recursos internos. Ama a liberdade e tem uma atitude inovadora e engenhosa, a qual aumenta suas possibilidades de êxito. Ele respira o oxigênio das alturas. A fidelidade de Capricórnio intensifica-se ao encontrar o profundo senso de amizade de Aquário, que sublima suas angústias. Um alerta: manter a autodisciplina.

CAPRICÓRNIO-PEIXES

É a união do mistério e da lucidez analítica. Sua atitude pragmática ante as situações se complementa com a intuição de Peixes e isto o leva mais rápido ao êxito. O nativo, mais que outros capricornianos, consegue relaxar e expressar seus sentimentos. Os dois lados podem se chocar, mas, geralmente, aliam suas forças e superam as contradições. No entanto, ele não se livra do ceticismo. Talvez seja um pouco masoquista.